MONOGRAPHIES

DES ÉGLISES

DE

JUZIERS, MEULAN

ET

TRIEL

PAR

Eugène LEFÈVRE-PONTALIS

BIBLIOTHÉCAIRE DU COMITÉ DES TRAVAUX HISTORIQUES ET SCIENTIFIQUES
MEMBRE DE LA COMMISSION DES ANTIQUITÉS ET DES ARTS
DE SEINE-ET-OISE

VERSAILLES
CERF ET FILS, IMPRIMEURS DE LA PRÉFECTURE
59, RUE DUPLESSIS, 59

1886

MONOGRAPHIES

DES ÉGLISES

DE

JUZIERS, MEULAN

ET

TRIEL

PAR

Eugène LEFÈVRE-PONTALIS

BIBLIOTHÉCAIRE DU COMITÉ DES TRAVAUX HISTORIQUES ET SCIENTIFIQUES
MEMBRE DE LA COMMISSION DES ANTIQUITÉS ET DES ARTS
DE SEINE-ET-OISE

VERSAILLES

CERF ET FILS, IMPRIMEURS DE LA PRÉFECTURE
59, RUE DUPLESSIS, 59
—
1886

MONOGRAPHIE

DE

L'ÉGLISE DE JUZIERS

Située sur la rive droite de la Seine, entre Mantes et Meulan, la paroisse de Juziers (1) faisait anciennement partie de l'archevêché de Rouen et du doyenné de Magny. Avant la Révolution, le droit de nommer à la cure appartenait à l'abbaye de Saint-Père de Chartres qui avait fondé un prieuré à Juziers (2). Ce petit bourg, dont l'origine remonte à une époque très reculée, possédait une église dès le xᵉ siècle. En effet, une charte datée du 5 février 978 constate que la comtesse Letgarde concéda le village et l'église de Juziers à l'abbaye de Saint-Père de Chartres (3)

---

(1) Seine-et-Oise, arr. de Mantes, cant. de Limay.

(2) Il n'entre pas dans le cadre de cette notice de faire l'histoire du prieuré de Juziers ; on peut du reste en trouver les éléments en consultant : 1º le *Cartulaire de l'abbaye de Saint-Père de Chartres*, publié par M. Guérard, dans la Collection des Documents inédits. Cf. t. I, p. 121, 169, 170, 171, 181, 186 et t. II, p. 359, 393, 510, 677, 717 et 721 ; 2º le *Journal des visites pastorales d'Eude Rigault, archevêque de Rouen au* xiiiᵉ *siècle*, conservé à la Bibliothèque nationale, sous le nº 1245 du fonds latin et publié en 1852, par Bonnin. Cf. p. 43, 51, 67, 68, 69, 95, 98, 109, 117, 126, 132, 140, 166, 189, 227, 275, 334, 343, 350, 375, 390, 391, 437, 448, 475, 504, 509, 527, 530, 531, 533, 534, 562, 602, 620, 632, 708.

(3) Cedo ad locum Sancti Petri Carnotensis æcclesiam in honore apostolorum principis clavigerique regni cœlorum Petri consecratam, in loco qui dicitur vulgariter Gizei cum villa eodem vocabulo dicta Gizei. *Cartulaire de Saint-Père de Chartres*, t. I, p. 64.

Robert, archevêque de Rouen, reconnut la validité de cette donation en 1033 (1). On trouve également mention d'un édifice religieux à Juziers en 1055, car le comte Gautier signa à cette époque sur l'autel même de l'église une charte qui conférait la propriété d'une terre à l'abbaye de Saint-Père de Chartres (2). Enfin l'église de Juziers est encore citée en 1106 dans une bulle où le pape Pascal II confirme les possessions du monastère (3).

Les deux premières mentions que nous venons de citer ne peuvent se rapporter à l'église actuelle de Juziers. En effet, on ne saurait faire remonter jusqu'au xe siècle aucun mur de l'édifice et il est bien difficile d'admettre que les parties les plus anciennes soient contemporaines de l'année 1033. La date de 1055, au contraire, s'applique fort bien à l'église actuelle, car l'architecture de la nef est conforme au système de construction qui était en usage dans la région vers le milieu du xie siècle. Mais il ne faudrait pas en conclure que tout le monument appartienne à une époque aussi reculée, car le chevet primitif fut complètement reconstruit vers le milieu du xiie siècle et l'église de Juziers porte l'empreinte de deux styles bien différents.

Le plan de l'édifice, orienté avec une assez grande précision, comprend une nef flanquée de deux bas-côtés, un transept dont les deux extrémités font une saillie peu ac-

---

(1) Decernimus atque sanccimus ut æcclesia de Fontinido pro amore et honore sancti Petri apostolorum principis et magistri nostri ab hac die in perpetuum ab omni sit inquietudine tam episcopi quam archidiaconi remota, eodem modo quo et Gesiaci cella Sancti Petri Carnotensis cœnobii cum illa æcclesia est subjecta. *Cartulaire de Saint-Père de Chartres*, t. I, p. 115.

(2) Dieque dominica quæ dicitur LXX anno XXIII regni Hainrici regis, super altare Sancti Petri Gesiaco quæ præfati cella est cœnobii publice posuimus hanc cartam. *Ibid.*, t. I, p. 200.

(3) Confirmamus etiam vobis ecclesiam de Gisiaco et ecclesiam de Fontaneto in pago Vilcassini, in parrochia Rothomagensi. *Ibid.*, t. II, p. 258.

centuée et un chœur très profond terminé en hémicycle. Un seul portail, ouvert dans le mur de la façade, donne accès dans l'église et le clocher s'élève au-dessus du croisillon méridional. Toute la construction est faite en pierres calcaires de moyen appareil, provenant d'une carrière encore exploitée aujourd'hui sur le territoire de la commune, au lieu dit les Grandes-Vignes.

La nef était recouverte anciennement d'une simple charpente apparente suivant la méthode adoptée dans toutes les églises de l'Ile-de-France élevées au xı^e siècle. Une restauration maladroite, exécutée dans le courant de ce siècle, a substitué à ce système primitif une série de voûtes sur croisées d'ogives bâties en pierres meulières et enduites de plâtre qui produisent un effet très disgracieux. Chacune des cinq travées de la nef est formée d'un arc en plein cintre, dépourvu de moulures, qui s'appuie sur des piliers rectangulaires assez élevés. Les tailloirs de ces lourds supports se composent d'un chanfrein en biseau couronné par un filet; l'un d'eux est garni d'entrelacs grossièrement sculptés. De chaque côté de la nef, cinq fenêtres en plein cintre assez larges s'ouvrent dans l'axe des travées. C'est au xı^e siècle qu'il faut attribuer toute cette partie de l'église; elle offre la plus grande ressemblance avec la nef d'autres édifices religieux de la même époque, encore intacts aujourd'hui, à Saint-Léger-aux-Bois (Oise), à Ressons-le-Long (Aisne) et à Binson (Marne).

Les collatéraux ont conservé les dispositions qu'ils présentaient au xı^e siècle; ils n'ont jamais été voûtés et la charpente qui les surmonte a toujours supporté un toit en appentis. Ils communiquent avec les croisillons du transept par un arc en plein cintre qui repose sur deux pilastres à tailloirs biseautés. Leur mur extérieur, bâti en blocage irrégulier, est enduit d'une couche de plâtre, mais il est facile de constater au dehors que les assises sont anciennes ; quant aux fenêtres, leur encadrement a été refait dans ces dernières années.

Relié à la nef par un grand doubleau en plein cintre soutenu sur deux pieds droits peu saillants (1), le carré du transept est recouvert par une croisée d'ogives moderne, construite en maçonnerie grossière comme les voûtes de la nef. Il est certain qu'au xie siècle cet espace était surmonté d'une charpente apparente comme dans les églises de Saint-Léger-aux-Bois (Oise) et de Saint-Thibauld de Bazoches (Aisne), car les architectes de l'Ile-de-France n'étaient pas assez habiles à cette époque pour voûter une surface aussi étendue. Le croisillon nord encadré par un arc en plein cintre n'était pas voûté dans l'origine, mais vers le milieu du xiie siècle on établit au-dessus de ce rectangle une croisée d'ogives dont les claveaux sont garnis d'une arête entre deux tores. Les retombées des nervures et des formerets viennent s'appuyer sur quatre consoles peu saillantes. Le croisillon méridional placé au-dessous du clocher présentait anciennement une disposition analogue. Il avait été de même recouvert d'une voûte au xiie siècle et l'on peut en avoir la preuve en pénétrant dans la cage intérieure du clocher. On y distingue parfaitement dans l'angle nord-est l'amorce d'une croisée d'ogives qui a été démolie à l'époque moderne pour faciliter la construction d'un plafond. Cette modification qui rétablit la couverture de cette partie de l'église dans son état primitif, n'est pas la seule qu'il convient de signaler. En effet, l'arc en plein cintre qui fait communiquer ce croisillon avec le carré du transept a été repris en sous-œuvre vers 1860 et ses anciennes proportions n'ont pas été conservées, car on en a diminué à la fois la largeur et la hauteur afin de donner une plus grande solidité à la base du clocher. Les deux croisillons, éclairés par des

(1) Ces pilastres sont ornés de deux tailloirs, mais le tailloir inférieur remonte seul au xie siècle, l'autre est une œuvre du xiie siècle.

fenêtres en plein cintre, n'ont jamais été flanqués d'une absidiole.

Le chœur est un spécimen fort curieux de l'architecture du milieu du xⁱᵉ siècle. Il est encadré, du côté du transept, par un doubleau en tiers-point garni de tores et soutenu par deux colonnes et quatre colonnettes engagées. Deux autres colonnettes qui ne supportent la retombée d'aucun arc, étaient destinées à recevoir les nervures d'une croisée d'ogives, établie sans doute au xiiᵉ siècle au-dessus du carré du transept. Le chevet primitif de l'église devait être beaucoup moins vaste au xiᵉ siècle, et il était probablement recouvert d'une voûte en berceau et d'une voûte en cul-de-four, suivant le système constamment adopté par les constructeurs de cette époque dans la région. L'architecte chargé d'agrandir l'édifice au xiiᵉ siècle substitua à cette abside un sanctuaire qui mesure quinze mètres de hauteur, et qui se compose d'une partie droite et d'un hémicycle. La partie antérieure est voûtée au moyen d'une croisée d'ogives, ornée d'un méplat entre deux tores et la voûte est renforcée par deux arcs formerets en plein cintre, garnis d'un gros boudin. Toutes ces nervures reposent sur de minces colonnettes couronnées par des chapiteaux à feuilles d'eau. Au-dessous des arcs formerets s'ouvre de chaque côté une fenêtre en plein cintre, qui surmonte un petit triforium très bas formé d'étroites arcades en tiers-point, soutenues par des colonnettes isolées. On remarque plus bas une large fenêtre en plein cintre encadrée par deux colonnes et par un tore très épais. Enfin, au niveau du sol, des arcatures cintrées ornent la base du mur. Quelques-unes d'entre elles ont un arc légèrement brisé ; leurs chapiteaux sont garnis de feuilles plates, les tailloirs d'un filet, d'un tore et d'un biseau et les bases sont entourées de deux tores aplatis (1).

___

(1) Cette ornementation et ces moulures sont reproduites sur tous les chapiteaux et sur toutes les bases des colonnes du chœur.

Le chevet du sanctuaire, voûté par cinq branches
d'ogives à double tore et par une série d'arcs formerets en
plein cintre surhaussé, est encadré par un doubleau en
tiers-point peu accentué, qui s'appuie sur deux longues
colonnes engagées. Le profil de cet arc se compose d'un
large méplat entre deux tores. L'élévation architecturale
de l'abside est identique à celle de la partie antérieure du
chœur. Cinq fenêtres en plein cintre éclairent le sommet
de l'hémicycle et cinq autres baies analogues, dont l'archivolte est soutenue par deux colonnettes, sont percées à
un niveau inférieur. Le triforium se continue tout autour
du chevet et présente sur les côtés des arcades en tiers-
point, tandis que les arcades placées au fond sont en plein
cintre. L'emploi simultané de ces deux formes d'arcs
n'implique pas que le chœur ait subi un remaniement
postérieur : l'architecte eut recours à cet artifice pour
pouvoir placer un nombre égal d'arcades dans des travées
de largeur différente. La même disposition se répète pour
les arcatures qui se trouvent engagées dans les premières
assises du mur ; elles sont au nombre de quinze, et l'une
d'elles renferme une jolie piscine du xiiie siècle, dont l'arc
trilobé est encadré dans un gâble. Le socle qui la supporte est revêtu de cinq arcatures finement découpées.

La façade, restaurée complètement vers 1856, a perdu
tout son caractère archéologique. Si l'ancien portail en
plein cintre a été exactement reproduit, l'appareil de ses
claveaux et de son tympan indiquent qu'il remontait au
xie siècle. Le linteau primitif a été maladroitement remplacé par une solive. Au-dessus s'ouvrent trois fenêtres
en plein cintre dont l'encadrement est moderne ; le pignon
percé de baies étroites a été également reconstruit. Les
seules parties anciennes de la façade sont formées par
quelques fragments de blocage, incrustés dans le gros
œuvre du mur.

Les fenêtres en plein cintre de la nef et des bas-côtés,

ont été remaniées à l'extérieur. L'abside est beaucoup mieux conservée. Épaulée par de larges contreforts à quatre glacis, elle est entourée d'un entablement très simple, soutenu par des modillons étoilés. Un cordon garni d'un tore et d'une doucine encadre les fenêtres du sanctuaire, qui sont dépourvues de colonnettes au dehors. Le clocher n'est pas antérieur au xiie siècle; il se compose d'un seul étage percé sur deux faces d'une baie cintrée et sur l'autre de deux ouvertures géminées de la même forme. Il couronne le croisillon méridional et se termine par une flèche moderne en ardoise. L'escalier qui donne accès dans la cage intérieure est contemporain du chœur et remonte, par conséquent, au milieu du xiie siècle. Son noyau central supporte une voûte en berceau rampant, formée de blocage, et ses marches ne sont pas monolithes. Cette disposition fut fréquemment adoptée pour les constructions de ce genre pendant la première moitié du xiie siècle, et l'on en rencontre des exemples à l'église Saint-Maclou de Pontoise et au donjon d'Étampes. La tourelle de l'escalier est couronnée par une flèche en pierre dont les arêtes sont ornées d'une baguette ; cette petite pyramide repose sur des modillons entièrement frustes.

L'église de Juziers renferme un certain nombre d'inscriptions ; les plus anciennes, incrustées dans le dallage du chœur, remontent au xviie siècle. Elles sont malheureusement très effacées, et nous n'avons pu en déchiffrer que les lignes suivantes.

Pierre : hauteur, o m. 90 c.; largeur, o m. 80 c.

EN L'HONNEVR DE

et à la mémoire de Me Estienne Levesque de.....
et auditeur des causes..... de..... de.....
Demoiselle Magdelaine de Falaise sa fême décédés

à scavoir led. Sr Levesque le XXIIIe Febvrier 1635
Et lad. Damoiselle de Falaise le XXIIe dudit mois
dudit an et inhumés ensemble le mesme jour.....
Mre Jacques Levesque chler s^r de..... Enguera.....
gentilhomme ord^re de la chambre du roy con^er en
les cõseils et M^o d'hostel ord^re de sa maison a donc
au thrésor et bassin de la queste des trespassés de la
paroisse de Juziers po^r se dire par le curé et margllers
de lad. église p̄ chun an apposuit le jo^r des Cendres
vigille une haulte messe avec diacre et soubdiacre
...... d'icelle un libera et de p̄fudis et les quatre
festes solennelles de l'année et le jour de la
mort............... d'iceulx deffucts
.... de laquelle messe qui.....
.... dire Pater noster, les intentions
.... complies des susd. festes
.... et deux autres p̄bres un libera
et de profũdis..... ainsy qu'il appert p̄ cõtract
passé p̄ devãt Parent notaire aud. Juziers le
XXIIIe iour d'Apvril MDCXXXV.

Fragment de dalle en pierre : hauteur, o m. 46 c.;
largeur, o m. 55 c.

A LA GRANDE GLOIRE DE DIEV

...... CIAN LEVIEIL MARCHAND DEMEVRANT A

IVSIERZ ET CATHERINE CHAPPET SA FEME ONT

FONDE PAR CHACVN AN A PERPETVITE EN CESTE

PAROISSE DE SAINT MICHEL DE IVSIERZ DEUX OBITZ

AVEC LE LIBERA ET LE DE PROFVNDIS. ....

1627

1639

. . . .
. . . . CHARITEZ SVR LEVR . . . .
IOVR DE TOVSSAINTZ ET FERA A SCAVOIR
. . . Sr CVRE A SON PROSNE LE IOVR DE LA
CELEBRATION DES DEVX OBITZ MOIENANT
DIX LIVRES DE RENTE QVE LES DITZ
FONDATEVRS ONT DONNEZ AV BASSIN ET

Dans le carré du transept une grande pierre qui mesure 2 m. 10 c. de hauteur sur 1 m. 10 c. de largeur, porte l'inscription suivante, qui paraît remonter au xviiie siècle :

CY GISSENT LES CORPSE (*sic*) DE
Mrs SIFFLET.

La dernière inscription est tout à fait moderne :

Pierre : hauteur, 1 m. 56 c.; largeur, 0 m. 83 c.
LE 17 JUILLET 1864
CETTE ÉGLISE
MONUMENT DES 9e ET 11e SIECLES
RESTAURÉE
SOUS LE GOUVERNEMENT DE
S. M. L'EMPEREUR NAPOLÉON III
PAR LES SOINS DE
SON EXC. MONSIEUR BAROCHE
GARDE DES SCEAUX
MINISTRE DE LA JUSTICE ET DES CULTES
PROPRIÉTAIRE EN CETTE PAROISSE
A ÉTÉ INAUGURÉE PAR MONSEIGNEUR MABILLE
EVÊQUE DE VERSAILLES
M^R L'ABBÉ THEVENOT   MR DELAPALME
CURÉ   MAIRE

Il convient de faire observer que cette inscription renferme une grosse erreur archéologique. Aucune partie de l'église de Juziers ne remonte au ixe siècle et ces mots *monument des ixe et xie siècles*, devaient être remplacés par ceux-ci *monument des xie et xiie siècles.*

La cloche de l'église date de 1811; elle porte une inscription ainsi conçue :

L'AN 1811 MR BOSNONT CVRE MA BENIE DU NOM DE
S^TE CATHERINE IOSEPHINE QVE MONT DONNE MR AVDIN *
ANCIEN CAPITAINE DE GRENADIERS P^RE DV MENIL ET
MADAME DE S^T CLEMENT M^E CARRIER DE S^T CLEMENT
MAIRE * DE IVZIERS M^E HALLAVANT ADIOINT MM. THOV-
ROVT LEBOUF N^AS LEVIIEIL D^VD LEVIIEIL OZANNE MARG.
DE L'EGLISE

COTTENTIN CLERE

COLLIN ET LIMAVX FONDEVRS

L'église de Juziers ne renferme aucun objet mobilier ancien digne de fixer l'attention. Les autels et la chaire sont tout à fait modernes. Avant la Révolution, l'édifice possédait un grand maître-autel et vingt stalles en bois sculpté, comme le prouve le procès-verbal d'une visite faite à l'église de Juziers, le 7 septembre 1633, par ordre de Mgr de Harlay, archevêque de Rouen (1). Nous en avons extrait le passage suivant : « Au bout de l'église est le chœur aux moynes, auquel il y a un grand autel sur lequel sont les images des bienheureux apôtres saint Pierre et saint Paul ; autour du chœur avons vu vingt chaires de bois. »

Classée à juste titre parmi les monuments historiques de la France, l'église de Juziers est fort intéressante à étudier. L'ancienneté de la nef et l'élégance du sanctuaire lui donnent une grande valeur archéologique, mais il est regrettable que des restaurations trop complètes et la nécessité d'établir une sacristie aient dénaturé le caractère de certaines parties de l'édifice.

---

(1) L'original de cette pièce est conservé aux Archives de la Seine-Inférieure sous la cote G. 1848.

MONOGRAPHIE

DE

L'ÉGLISE DE MEULAN

———

La ville de Meulan (1) qui se trouvait anciennement comprise dans l'archevêché de Rouen et qui fut toujours, comme elle l'est encore aujourd'hui, le chef-lieu d'un doyenné, renfermait au moyen âge quatre églises, celles de Saint-Nicaise, de Saint-Jacques, de Notre-Dame et de Saint-Nicolas. L'église de Saint-Nicaise, bâtie dans l'île de la Seine qui est traversée par le pont de Meulan, avait été élevée au xi⁰ siècle par Galeran I⁰ʳ, comte de Meulan. Consacrée par Robert, évêque de Chartres, le 28 octobre 1067, elle était restée intacte jusqu'en 1793, malgré les inondations qui l'avaient fréquemment envahie, quand la vente des biens nationaux la fit passer dans les mains d'une société de spéculateurs qui s'empressèrent de la démolir pour en utiliser les matériaux. C'était un très curieux spécimen de l'architecture romane primitive qui n'est plus représentée dans la région que par la nef de l'église de Juziers. L'église de Saint-Jacques, fondée par Galeran II, comte de Meulan, en 1145, en mémoire de son pèlerinage à Saint-Jacques de Compostelle, se trouvait

———

(1) Seine-et-Oise, ch.-lieu de cant. de l'arr. de Versailles.

située au milieu de l'ancien château-fort de Meulan. Reconstruite sur un nouveau plan dans la première moitié du xvie siècle, elle avait été dédiée le 16 mars 1510, mais les travaux n'avaient été complètement achevés qu'en 1545. Ce bel édifice tomba en ruines quelques années avant la Révolution. L'église de Notre-Dame, élevée au commencement du xve siècle et consacrée dans le cours de l'année 1413 par Louis d'Harcourt, archevêque de Rouen, s'était conservée jusqu'à nos jours (1). Transformée vers 1792 en halle au blé, elle vient d'être démolie pour faciliter la construction d'un marché moderne. Son portail, bâti dans le style ogival flamboyant et décoré de sculptures très délicates, aurait pu être facilement conservé et l'architecte qui l'a fait disparaître a commis un acte de vandalisme que l'on ne saurait trop sévèrement condamner.

Devenue église paroissiale à la Révolution, l'église de Saint-Nicolas de Meulan, qui fait l'objet de cette notice, fut placée dès une époque ancienne sous le patronage de l'abbaye du Bec-Hellouin (2) : le curé qui la desservait était choisi par l'abbé de ce monastère. Bien que l'on ignore la date exacte de la fondation de l'édifice, ses caractères archéologiques permettent d'établir qu'il ne peut être antérieur à l'église de Poissy, bâtie vers l'année 1130. D'un autre côté, l'église Saint-Nicolas de Meulan est mentionnée dans une charte datée de 1152, qui fut accordée par Galeran II, comte de Meulan, aux religieux du prieuré de Saint-Nicaise, pour leur confirmer la possession de divers privilèges et d'un grand nombre de biens (3).

---

(1) Nous avons extrait la plupart de ces renseignements de l'*Histoire du comté de Meulan*, publiée en 1873 par M. Emile Réaux.

(2) Cette célèbre abbaye, où Lanfranc et saint Anselme vinrent se livrer à l'étude, est aujourd'hui située dans le département de l'Eure entre Serquigny et Elbeuf.

(3) L'original de cette pièce est perdu, mais on en possède une copie faite par le président Levrier, qui se trouve insérée dans la Collection du Vexin, à la Bibliothèque Nationale.

Il est donc légitime de conclure que ce monument doit avoir été construit entre 1130 et 1150, c'est-à-dire pendant le second quart du xiie siècle.

Le plan de l'église de Meulan, dont l'orientation est à peu près exacte, se compose d'une nef flanquée de deux bas-côtés et d'un chœur en hémicycle, entouré d'un déambulatoire. L'escarpement du terrain n'a pas permis à l'architecte primitif d'établir un transept. La construction d'une sacristie et d'une grande chapelle, bâtie dans l'axe du chœur, a modifié sensiblement la régularité de ce plan, mais les dispositions qu'il présentait au xiie siècle n'en sont pas moins très faciles à reconnaître.

La nef, divisée en trois travées, est recouverte de voûtes sur croisée d'ogives, qui ne sont pas antérieures au xve siècle, comme le prouve le profil de leurs nervures, mais il n'est pas douteux qu'elle était surmontée, au xiie siècle, de voûtes analogues, établies à un niveau plus élevé que les voûtes actuelles. L'écroulement de ces anciennes voûtes fut sans doute amené par le défaut d'arcs-boutants capables de résister à leur poussée. Les retombées de tous les arcs de la nef s'appuient sur des piles flanquées de seize colonnettes, genre de support fréquemment adopté au xiie siècle dans les édifices religieux de la région, notamment à Poissy et à Chars (Seine-et-Oise), à la Villetertre et à Saint-Germer (Oise). Tous les fûts qui soutiennent les doubleaux et les nervures des voûtes sont coupés à six mètres de hauteur par un bandeau du xve siècle, orné de feuillages très découpés; leurs anciens chapiteaux du xiie siècle ont complètement disparu; on n'en retrouve pas même des débris dans les combles, car la hauteur des murs a été diminuée quand les voûtes ont été refaites. Les grands arcs des travées sont en plein cintre; leurs arêtes étaient ornées autrefois d'un gros tore, mais la plupart d'entre elles ont été retaillées en biseau à l'époque moderne. Leurs claveaux s'appuient sur deux colonnes et sur deux colonnettes engagées, dont les chapiteaux sont garnis de feuilles d'acanthes et de feuilles d'eau. Les tailloirs sont décorés d'une baguette entre deux filets, et les bases d'une gorge entre deux tores; le tore inférieur est relié au socle par de petites griffes. Tous les piliers ont subi des remaniements maladroits, qui ont altéré le profil de leurs bases et de leurs socles.

La seconde et la troisième travée de la nef du côté nord et celles qui leur correspondent du côté sud, appartiennent seules au second quart du XIIe siècle. En effet, les deux premières travées adossées à la façade ont subi, dès le XIIIe siècle, une reconstruction complète. Leurs piliers ont été rebâtis à cette époque sur le même plan que les autres supports de la nef, mais les chapiteaux qui les couronnent sont garnis de crochets. Quant à leurs grands arcs, l'architecte qui les a appareillés au XIIIe siècle leur a donné une courbe en plein cintre, pour les mettre en harmonie avec ceux des autres travées de la nef. Dans son état actuel, la nef n'est éclairée par aucune fenêtre. Il est facile d'en comprendre la raison. Les voûtes du vaisseau central ayant été refaites au XVe siècle beaucoup plus bas que les voûtes primitives, il devint impossible de conserver les fenêtres en plein cintre du XIIe siècle qui se trouvèrent enfouies sous les combles des bas-côtés, par suite du remaniement général des toitures.

Les deux bas-côtés ont éprouvé un grand nombre de modifications qui ont altéré la pureté de leur style. Celui du nord est recouvert par trois voûtes sur croisée d'ogives du XIIe siècle, dont les nervures sont ornées d'un méplat entre deux tores. Les doubleaux qui les séparent forment un cintre légèrement brisé, et présentent le même profil que les nervures. Toutes les colonnettes qui reçoivent la retombée des arcs sont assez bien conservées; celles qui entourent encore le premier pilier offrent seules la trace du remaniement exécuté au xiiie siècle, dont nous avons parlé à propos de la nef. Les fenêtres du bas-côté nord ne sont pas anciennes, elles ont été refaites vers 1764, au moment où la façade de l'église a été rebâtie sur un nouveau plan. Le bas-côté méridional ne renferme que de rares fragments contemporains de la construction primitive, tels que les fûts et les chapiteaux des colonnettes engagées dans les murs de la seconde et de la troisième travée, car les colonnes de la première travée ont été remplacées au xiiie siècle par de nouveaux fûts. Quant aux voûtes sur croisée d'ogives qui surmontent cette nef secondaire, elles ont été refaites en mauvaise maçonnerie, à l'époque moderne; les larges baies percées dans la muraille ne sont pas antérieures à la fin du xviiie siècle.

Le chœur se compose d'une partie droite et d'un hémicycle. Toutes ses travées remontent au xiie siècle, mais ses voûtes ont été reconstruites au xve siècle, comme celles de la nef. Il est recouvert en avant par une croisée d'ogives à nervures prismatiques, et en arrière par six branches d'ogives qui se réunissent à une clef pendante et qui reposent sur des chapiteaux modernes dépourvus de style. Les deux travées qui forment la partie droite du sanctuaire offrent une ressemblance absolue avec les travées de la nef. Leurs piliers, cantonnés de colonnettes, sont de même coupés à une certaine hauteur par un bandeau de feuillages profondément fouillés, contemporain du xve siècle, mais leurs grands arcs en plein cintre et les chapiteaux qui les supportent ont conservé leur caractère primitif. Les cinq travées de l'hémicycle reposent sur de grosses colonnes isolées, qui soutiennent des arcs en tiers-point très surhaussés, garnis d'un large méplat encadré par deux tores. Les chapiteaux de ces colonnes sont ornés de larges feuilles d'eau peu découpées, et les bases des fûts ont été en par-

tie retaillées. Le sanctuaire était voûté au xii⁰ siècle suivant la disposition reproduite par l'architecte du xv⁰ siècle,
mais les nervures de ses voûtes devaient être plus
épaisses, et convergeaient vers une clef placée à une plus
grande hauteur. Elles s'appuyaient à cette époque sur de
minces colonnettes dont les fûts, encore visibles aujour-
d'hui, reposent sur le tailloir des colonnes isolées et se
perdent dans les compartiments des voûtes refaites au xv⁰
siècle. Les fenêtres du chœur sont en plein cintre et
appartiennent, comme les travées, au milieu du xii⁰ siècle, mais leur glacis a été retaillé afin d'en accentuer la
pente. Une balustrade moderne, dépourvue de style, est
établie à la hauteur de leur appui.

Le déambulatoire est la partie la plus intéressante de
l'église, au point de vue archéologique. Voûté par sept
croisées d'ogives qui remontent toutes au xii⁰ siècle, et
dont les nervures sont garnies d'une gorge entre deux
tores, il doit être considéré comme une imitation de celui
qui entoure le sanctuaire de l'église de Poissy. Dans ce
dernier édifice le déambulatoire communique de même
avec le chœur par des arcs en tiers-point surhaussés soutenus par de grosses colonnes, mais il est recouvert de
voûtes d'arête tandis qu'à Meulan, la voûte sur croisée
d'ogive est exclusivement adoptée, ce qui indique un per-
fectionnement de style. Or, comme tous les archéologues
sont d'accord aujourd'hui pour fixer vers l'année 1130 la
construction du chœur de Poissy, il est permis d'attribuer à l'année 1140 environ, le déambulatoire de Meulan
qui se rapproche beaucoup, par son style, de celui de
Saint-Denis, construit en 1140, et de celui de Saint-Maclou de Pontoise, bâti vers la même époque.

Les doubleaux du déambulatoire de Meulan sont formés d'arcs en plein cintre légèrement brisés, mais ils ont
subi de fréquents replâtrages. Ils viennent s'appuyer, ainsi
que les nervures, sur des groupes de cinq colonnettes en—

gagées dans la muraille en face de chaque colonne isolée et couronnées par des chapiteaux à feuilles d'acanthes. Toutes les fenêtres qui éclairent cette partie de l'église ont été agrandies à l'époque moderne, et n'ont plus aucun caractère. Dans l'axe du chevet a été établie, en 1877, une vaste chapelle qui n'est conçue ni dans le style du xiie, ni dans le style du xiiie siècle, et dont l'architecture bâtarde fait peu d'honneur à celui qui en a dirigé la construction. Elle se compose d'une partie droite terminée par trois pans coupés, et elle est recouverte de voûtes sur croisée d'ogives. Nous ne savons où l'architecte a pris le modèle des fenêtres de la chapelle et des colonnes qui reçoivent les nervures, mais on peut être certain que ce n'est pas dans une église du moyen âge. Le style de la nouvelle sacristie adossée au chevet de l'église, n'est pas plus heureux que celui de la chapelle. Les fouilles exécutées pour les fondations de ce bâtiment ont amené la découverte d'un curieux débris de sculpture romane, aujourd'hui conservé dans le jardin du presbytère. C'est un linteau monolithe qui remonte évidemment au xiie siècle et qui a dû servir de tympan à une ancienne porte latérale de l'église. Il est décoré d'une figure de femme, flanquée de deux animaux fantastiques à tête humaine. Les mêmes travaux ont mis au jour divers chapiteaux curieux qui appartiennent également au xiie siècle.

L'église de Meulan n'a conservé qu'une partie de son ancien mobilier. Il convient de signaler surtout comme offrant une réelle valeur artistique la chaire et le banc d'œuvre, dont la menuiserie a dû être exécutée au xviiie siècle. Le maître-autel, d'un goût fort douteux, et tous les autres autels de l'église sont complètement modernes (1).

L'extérieur de l'édifice est dépourvu de tout caractère

---

(1) Les nouveaux fonts baptismaux et le nouveau bénitier de l'église ont été exécutés d'après nos dessins.

architectural. La façade, reconstruite en 1764, comme nous l'apprend la date gravée dans le pignon, se compose d'une large porte surmontée d'une baie circulaire qui est garnie d'un remplage moderne. De chaque côté s'ouvre un petit portail et une fenêtre en plein cintre. Les faces latérales de l'église sont occupées par de larges baies cintrées appareillées au xviiie siècle, et un portail a été maladroitement établi, dans ces dernières années, sur la face méridionale du monument. Encadrée par des colonnes en saillie qui ne supportent aucun linteau et aucune archivolte, cette porte est un véritable non-sens architectural et il faut renoncer à qualifier son style. La fenêtre qui la surmonte est divisée par des meneaux modernes, dont le dessin est tout à fait incorrect. La sacristie, flanquée d'une petite chapelle en hémicycle, présente à l'extérieur des défauts de style très nombreux. Ses contreforts, ses fenêtres à glacis saillants et les colonnettes qui les encadrent, les oculus supérieurs et la porte qui s'ouvre sur la terrasse de l'église sont conçus dans un style qui n'a aucun rapport avec l'architecture du moyen âge. Les mêmes observations s'appliquent à l'abside de la nouvelle chapelle du chœur qui offre des fenêtres trop hautes et trop larges ainsi que des contreforts dépourvus de glacis, inclinés comme des étais et couronnés par des frontons bizarres.

La maladresse avec laquelle ces différents travaux ont été exécutés n'a d'égale que celle qui a présidée, en 1883, à l'achèvement du clocher. La partie inférieure de cette tour, construite en 1764, a été surmontée, il y a deux ans, d'un étage percé sur chaque face de deux baies en plein cintre, dont l'archivolte est garnie d'un cordon de fausses billettes et s'appuie sur des tailloirs très disgracieux. Au-dessus se trouve une terrasse entourée d'une balustrade neuve et flanquée de quatre gargouilles. Le clocher de Meulan se compose donc aujour-

d'hui d'un soubassement du xviii⁰ siècle, d'un étage
moderne dont l'architecture est une imitation malheu-
reuse du style du xii⁰ siècle, et d'un couronnement
fantaisiste qui ne produit aucun effet. Il présente un
fâcheux contraste avec la belle tour romane de l'église
d'Hardricourt, qui se dresse sur la colline voisine.

L'église de Meulan renferme un certain nombre d'inscriptions gravées sur des pierres tombales du xvi⁰ et du
xvii⁰ siècles. Les deux plus anciennes sont datées de 1540
et de 1560, mais on ne peut en déchiffrer que les deux
fragments suivants, écrits en lettres gothiques :

Pierre, hauteur, 1 mètre; largeur, o m. 50 c.

.....jour de janvier mil v⁰ quarente
priez Dieu pour son âme.

Pierre, hauteur, 1 m. 28 c.; largeur, 1 m. 20 c.

..... curé de l'églife de
céanf........... lequel
trefpaffa le ꝟꝟiꝟ⁰ jour d'octobre
mil cinq cenf fo (ixante)

Il convient d'attribuer également au xvi⁰ siècle l'inscription suivante, gravée en caractères gothiques dans un
médaillon ovale qui occupe le centre d'une grande dalle :

Pierre, hauteur, 2 m. 63 c.; largeur, 1 m. 28 c.

Cy infcrit foubz cette
tōbe noble ɧomme...
Leclerc vivāt...
du roy...

Au milieu de la nef de l'église, on remarque une grande
pierre où l'on distingue encore un entablement support-
ant un fronton, accompagné de têtes de morts et de

tibias croisés. Elle mesure 2 m. 56 c. de hauteur sur
1 m. 26 c. de largeur, et porte cette inscription :

D. O. M.

CY GIST SOVBS CESTE

PIERRE TVMBALE DEFFVNCT

Mr MARTIN BONNEAV VIVANT

ESLEV A MEVLLAN LEQVEL

DE SON VIVANT A FONDÉ EN

L'EGLISE DE CEANS MATINES

VESPRES COMPLIES ET HEV

RES CANONIALES COMME IL

SE LICT EN SON EPITAPHE A

ESTE CAPITAINE DES BOVR

GEOIS DE LADICTE VILLE

DECEDE EN SA MAISON

LE XXIX AOVST MVI

XIX AAGE DE IIII XX VI ANS

PRIES DIEV POVR

SON AME

L'inscription suivante est également bien conservée :

Pierre, hauteur, 1 m. 91 c.; largeur, 1 m. 26 c.

CY GIST LE CORPS

DE Mr IEAN DE GARS

ECVYER LORS DE

SON DECEDS CON^{er}

SECRETAIRE DV ROI

MAISON COVRONNE

DE FRANCE ET DE SES

FINANCES CY DEVAT

DES L'ANNEE 1633

PRESID^t EN L'ELECTION

DE MANTE ET MEVLAN

DECEDE AV D^t MEVLAN

LIEV DE SA DEMEVRE

EN SA 83e ANNEE L'AN

1686 LE 17e IO^r DE MAI

Priez Dieu pour

son ame.

L'épitaphe de Jehan Patin, avocat au Parlement de Paris, que nous transcrivons ci-dessous, ne doit pas être antérieure au XVIIe siècle :

Pierre, hauteur, 2 m. 04 c. ; largeur, 1 m. 07 c.

JEHAN PATIN EN SON VIVANT ADVOCAT
AU PARLEMENT DE PARIS NATIF DE MEULAN LEQUEL TRES
PASSA EN SON HOSTEL AUDICT PARIS LE IIIe
JOUR DE JUIN ..... C X .....

Enfin une inscription moderne, gravée sur un marbre noir conserve le souvenir d'un ancien curé de Meulan, M. Louis Ponsignon, mort en 1809 :

A FEU M. FRANÇOIS LOUIS
PONSIGNON
Ier CURÉ DE LA VILLE ET DU CANTON
DE MEULAN
décédé le 13 septembre 1809.
Il réunissoit la charité qui édifie
le zèle qui soutient et le talent qui éclaire
il disposa de tout son bien
en faveur de la Ville
de la Fabrique et des Pauvres
LEMASSON, GIGAY, MORAND, MARGUILLIERS
DUTARTRE, maire   LONGIN, vicaire

Les cloches de l'église de Meulan ont été fondues à l'époque moderne. Elles sont au nombre de trois. La plus ancienne provient de l'église de Notre-Dame de Meulan, aujourd'hui détruite; on y lit cette inscription :

CLOCHE APPARTENANTE A LEGLISE DE NOTRE DAME
ET A LA CONFRERIE DE LA CHARITE ERIGEE EN LA
DITE EGLISE FONDVE EN JVILLET 1786
NOEL ET FRANÇOIS GIRARD, MAITRE
FONDEVR A BEAVVAIS

La seconde cloche date de 1826 :

L'AN 1826 J'AI ETE BENITE PAR Mr FRANCOIS JACQVES
BAVDET CVRE TITVLAIRE DE CETTE VILLE ET DOYEN
DV CANTON DE MEVLAN ET NOMMEE * MARIE CLAVDINE
PAR Mr CLAVDE VRSVLE, BARON DE GENCY LIEVTENANT
GENERAL DES ARMEES DV ROI COMMANDEVR DE LA
LEGION D'HONNEVR * CHEVALIER DE LORDRE ROYAL
ET MILITAIRE DE S^T LOVIS ET PAR DAME DENISE
VRSVLE METGALFE NEE DE GENCY, Mr IACQVE DENIS
POVLLAIN * MAIRE DE MEVLAN. MM LOVIS BARTHELEMY
GEANT PIERRE PREVOST GERMAIN MERCIER, VICTOR
MARECHAVX MARGVILLIERS

LIMAVX ET MAHVT FONDEVRS
L BAILLY INSTITVTEVR

Enfin, la troisième cloche n'a été installée qu'en 1883 :

J'AI ETE SOLENNELLEMENT BAPTISEE LE 30 SEP-
TEMBRE 1883 JE ME MOMME MARIE EUGENIE, J'AI EU
POUR PARRAIN Mr EUGENE BERSON, J'AI EU POUR
MARRAINE Mme VICTOR MERCIER CHATELAINE DE THUN
M. A. ASSELINE ETANT CVRE DOYEN M. ALBERT JOZON *
MAIRE DE LA VILLE DE MEULAN M. MASSON-PIMOR
PRESIDENT. MM^{rs} JUBLAUX, CAPERON, PETIT BOUCHAIN
MARGUILLIERS

CROZET-MILLERAND FONDEUR A PARIS

En résumé, l'église de Meulan ne présente aucune unité
de style. Construite d'un seul jet au milieu du xiie siècle,
remaniée successivement au xiiie, au xve, au xviiie siècles
et à l'époque moderne, elle ne mérite d'appeler l'attention
des archéologues que par les dispositions de son chœur
et de son déambulatoire.

MONOGRAPHIE

DE

L'ÉGLISE DE TRIEL

———

La paroisse de Triel (1) était comprise, comme les deux précédentes, dans le diocèse de Rouen avant la Révolution, et c'était l'abbaye de Fécamp qui avait le patronage de la cure. On ne possède aucun renseignement historique sur l'époque où l'église fut bâtie, mais comme aucune de ses parties n'est antérieure au xiiie siècle, il est très probable qu'elle s'élève sur les fondations d'une église plus ancienne, car le bourg de Triel existait dès le xie siècle. Son plan comprend une nef flanquée de deux bas-côtés et de chapelles latérales au sud, un transept surmonté d'un clocher et un large chœur entouré d'un déambulatoire. Ce plan porte l'empreinte des remaniements successifs dont l'édifice a conservé la trace, car le bas-côté méridional fut agrandi au xve siècle et le chœur fut complètement reconstruit au xvie siècle. La surface occupée par l'église au xiiie siècle était donc beaucoup moins étendue, puisqu'elle ne renfermait alors ni chapelles latérales, ni chapelles rayonnantes.

———

(1) Seine-et-Oise, arr. de Versailles, cant. de Poissy.

La nef, dont toute la partie basse appartient à la première moitié du xiiie siècle, dut être recouverte dès cette époque de voûtes sur croisées d'ogives, comme le prouve le faisceau de trois colonnettes qui sépare la première travée de la seconde, mais au xive siècle, les voûtes s'écroulèrent et elles furent refaites suivant la même méthode. Leurs nervures sont ornées d'un tore aminci flanqué de deux gorges et de deux baguettes, profil plus délicat que celui des nervures primitives qui devaient être garnies au xiiie siècle d'une gorge entre deux tores. Les doubleaux en tiers-point et les formerets furent reconstruits en même temps que les voûtes, c'est-à-dire au xive siècle. Il en est de même des minces colonnettes destinées à recevoir la retombée des nervures dans les trois dernières travées; leurs assises reposent sur les bases des colonnettes qui soutenaient les voûtes du xiiie siècle. Le nef de l'église de Triel est malheureusement condamnée à une prochaine destruction. L'architecte qui fut chargé de la bâtir au xiiie siècle donna trop de largeur aux travées et trop de hauteur au triforium. Ces deux vices de construction ont eu pour résultat de faire boucler les murs au niveau du sommier des grands arcs. Pour empêcher cette poussée de produire un effet désastreux, on s'est empressé de poser des étrésillons qui traversent la nef dans toute sa largeur. Ces solives ne pourraient être retirées sans entraîner la ruine immédiate de tout le vaisseau central dont la reprise en sous-œuvre est complètement impossible à tenter.

Chacune des quatre travées de la nef est formée d'un grand arc en tiers-point orné d'un méplat entre deux tores qui s'appuie sur des colonnes isolées. La quatrième travée est plus étroite que les autres (1) parce qu'elle con-

---

(1) En effet, elle a 2 m. 90 c. de largeur, tandis que les autres travées mesurent 3 m. 70 c. d'ouverture.

trebute les piliers du transept ; elle repose, comme la première travée, d'un côté, sur une colonne isolée et de l'autre, sur une colonne engagée. Les chapiteaux de ces colonnes sont entourés de crochets et surmontés d'un tailloir polygonal ; les bases des fûts présentent un large tore aplati. On remarque au-dessus des grandes arcades un triforium du xiiie siècle dont les baies tréflées, garnies de trois tores accouplés, sont soutenues par de minces colonnettes. Au milieu de toutes les travées, cette galerie est interrompue par un contrefort qui fut appareillé au xive siècle pour consolider les murs latéraux. La nef était éclairée au xiiie siècle par des fenêtres en tiers-point percées dans l'axe de chaque travée. Six baies de ce genre existent encore aujourd'hui ; mais elles ont été bouchées avec de la maçonnerie à l'époque moderne. Les fenêtres de la troisième travée ont été remplacées au xiv[o] siècle par une rosace garnie de six lobes et de deux petits oculi. Du côté de la façade s'ouvre une large baie du xive siècle, dont le remplage se compose de trois meneaux et de trois rosaces actuellement dépourvues de leurs lobes.

Le bas-côté nord est recouvert de quatre voûtes sur croisées d'ogives du xiiie siècle dont les nervures, décorées de deux tores et d'une gorge, se réunissent à une clef ornée de feuillages. Les doubleaux intermédiaires décrivent une courbe en tiers-point et présentent un profil analogue. Ils reposent d'un côté sur les colonnes isolées de la nef ; de l'autre sur des pilastres polygonaux refaits au xve siècle et couronnés d'un groupe de moulures. Ces piles se composaient au xiiie siècle de cinq colonnettes accouplées destinées à recevoir la retombée des nervures, des formerets et des arcs doubleaux. Les baies en tiers-point qui se trouvent dans cette partie de l'église remontent au xiiie siècle, sauf celle de la deuxième travée qui a été remaniée au xve siècle. On détruisit vers la même époque le mur extérieur de la quatrième travée pour bâtir une petite chapelle voûtée sur croisée d'ogives et éclairée par une fenêtre à remplage flamboyant. Le bas-côté nord communique avec le transept par un arc en tiers-point dont les claveaux reposent sur trois colonnettes du xiii⁰ siècle et sur un pilastre du xv⁰ siècle.

Le bas-côté sud a conservé, comme le bas-côté nord, ses quatre voûtes sur croisée d'ogives du xiii⁰ siècle. Les doubleaux qui les séparent s'appuient du côté du mur extérieur sur un faisceau de cinq colonnettes couronnées par des chapiteaux à crochets. Les arcs formerets ont été supprimés au xv⁰ siècle quand on fit disparaître le mur de clôture pour construire un porche et trois chapelles le long du collatéral. Ces chapelles formaient alors un véritable bas-côté en avant du premier, car elles n'étaient pas séparées les unes des autres par des murs de refend, comme aujourd'hui. Chacune d'elles, voûtée par une croisée d'ogives dont les nervures prismatiques reposent sur des piliers ondulés, est éclairée au moyen d'une large baie garnie de deux moneaux qui sont réunis par des arcs trilobés. Trois soufflets et quatre mouchettes complètent le remplage de la fenêtre. Du côté de la façade une baie en tiers-point du xiii⁰ siècle est restée intacte. La première chapelle renferme un vitrail daté de 1574 qui représente le Christ ressuscité frappant de terreur les soldats chargés de garder son tombeau. La partie supérieure de la verrière est occupée par diverses scènes de la Passion telles que le couronnement d'épines, le Christ devant Pilate et la flagellation. On remarque dans la même chapelle des fonts baptismaux du xvii⁰ siècle. Ils sont formés d'une vasque flanquée d'un petit pied rond et l'inscription suivante se lit sur les bords de la cuve :

NISI QVIS RENATVS FVERIT EX AQVA ET SPIRITV SANCTO
NON POTEST INTROIRE IN REGNVM DEI·

Le vitrail de la seconde chapelle, qui remonte également

au xvɪᵉ siècle, représente le Calvaire avec Marie-Madeleine, la Sainte-Vierge et les saintes femmes au pied de la croix. On distingue dans la partie haute de la verrière les sujets suivants : le baiser de Judas, Jésus au jardin des oliviers et la scène où le Christ, ayant les yeux bandés, est sommé de reconnaître celui qui vient de le frapper. La troisième chapelle renferme les débris d'un vitrail du xvɪᵉ siècle : un de ses médaillons paraît figurer le miracle des noces de Cana.

Le carré du transept est une construction du xɪɪɪᵉ siècle, mais sa voûte a été refaite au xɪvᵉ siècle en même temps que celle de la nef. Les nervures de la croisée d'ogives reposent sur quatre colonnettes surmontées de chapiteaux à crochets. Les quatre doubleaux en tiers-point qui encadrent cette partie de l'église ne s'appuient pas sur de minces colonnes. Ils sont soutenus par des pilastres dépourvus de chapiteaux et garnis de quatre gorges assez profondes qui se terminent en pointe à la hauteur des socles. Chacune de ces gorges est flanquée de deux baguettes et se continue sans interruption sur les claveaux des arcades. C'est une disposition très originale dont on chercherait vainement un autre exemple dans une église gothique de la région.

Le croisillon nord, qui appartient également au xɪɪɪᵉ siècle a été remanié comme le carré du transept pendant le cours du xɪvᵉ siècle. Sa voûte sur croisée d'ogives, dont les nervures sont décorées d'un tore aminci a été refaite à cette époque; il en est de même des fenêtres latérales qui se composent d'une rosace à six lobes. Elles s'ouvrent au-dessus d'un triforium du xɪɪɪᵉ siècle analogue à celui de la nef et formé d'une série d'arcatures tréflées. Le chevet de ce croisillon est éclairé par une large baie du xɪɪɪᵉ siècle garnie d'un meneau central et d'une petite rosace. On a pratiqué au xvᵉ siècle à la partie inférieure du mur une large ouverture aujourd'hui bouchée, pour donner accès dans une chapelle bâtie à la même époque en dehors du transept. Cette chapelle sert actuellement de sacristie ; elle est recouverte de deux croisées d'ogives à nervures prismatiques et elle est éclairée par des fenêtres garnies d'un remplage flamboyant.

Le croisillon méridional a subi des remaniements très nombreux qui lui ont fait perdre tout son caractère. Sa voûte à nervures croisées, reconstruite au xive siècle se trouve placée à une plus grande hauteur que la voûte primitive. Le triforium devait être formé au xiiie siècle de hautes arcatures trilobées, mais il a été supprimé à l'époque moderne et remplacé par un mur en maçonnerie. Les fenêtres qui le surmontent appartiennent au xiiie siècle ; leur archivolte en tiers-point encadre deux meneaux et une petite rosace. Le chevet du croisillon a été l'objet d'une transformation complète au xve siècle. Orné d'une galerie ajourée qui est en partie dissimulée par une cloison en plâtre, il renferme une large baie dont les trois meneaux supportent un remplage flamboyant. Les assises inférieures du mur ont été démolies à la même époque pour faire communiquer l'une des chapelles établies le long du bas-côté méridional avec le transept. Cette chapelle est éclairée par une fenêtre garnie d'un vitrail du xvie siècle qui représente l'entrée du Christ à Jérusalem.

Le chœur a été presqu'entièrement rebâti au xvie siècle, mais il reste des débris assez importants du sanctuaire du xiiie siècle, pour que l'on puisse être certain que ce chevet primitif était entouré d'un déambulatoire. Les travées qui précédaient l'hémicycle au xiiie siècle sont encore à peu près intactes aujourd'hui. Recouvertes de voûtes sur croisée d'ogives du xive siècle, elles sont étayées, comme la nef, à l'aide d'étrésillons qui empêchent les piles de se déverser. Leurs dispositions sont analogues à celles des travées de la nef, mais leurs arcs en tiers-point ont beaucoup moins d'ouverture. On remarque au-dessus des grandes arcades un triforium dont les arcatures tréflées s'appuient sur des colonnettes isolées. Il est intéressant d'examiner comment l'architecte chargé de rebâtir tout le chevet au xvıᵉ siècle a raccordé cette partie du sanctuaire aux deux travées du chœur du xıııᵉ siècle. Ayant jugé à propos d'augmenter la largeur de l'abside, il ne fit pas coïncider son axe avec celui de la nef et reporta le centre de l'hémicycle du côté du nord. Il en résulte que les travées méridionales du chœur primitif se relient directement aux arcades de l'abside du xvıᵉ siècle, tandis que celles du nord se réunissent à la même construction au moyen d'un pan coupé. On peut supposer avec raison que l'architecte fut obligé de prendre un semblable parti par une raison d'économie, car ce raccordement produit un effet très disgracieux et il eût été beaucoup plus avantageux de ne pas conserver les deux premières travées du chœur du xıııᵉ siècle.

Le chevet du sanctuaire, qui affecte une forme polygonale est une très belle œuvre du milieu du xvıᵉ siècle. Divisé en sept travées de largeur inégale, il est soutenu par de lourdes colonnes isolées qui supportent des arcs en cintre surbaissé surchargés de moulures. Les chapiteaux de ces colonnes sont garnis d'oves; leurs tailloirs sont très élevés et leurs bases, dont le profil se rapproche de celui des bases attiques, sont reliées aux socles par de larges griffes, décoration tout à fait exceptionnelle à l'époque de la Renaissance. La partie droite du chœur est recouverte d'une voûte sur croisée d'ogives renforcée par deux liernes et l'arc triomphal qui la précède décrit une courbe en anse de panier. Ses claveaux, ornés de moulures très compliquées, s'appuient de chaque côté sur une grosse colonne dont les assises sont engagées dans un massif central cantonné de trois autres fûts. Chacun des murs latéraux est percé d'une grande baie cintrée qui est garnie de cinq oculi disposés autour d'une petite rosace centrale.

Un large entablement décoré de denticules se trouve placé sous l'appui de ces deux fenêtres et se continue tout autour du sanctuaire. L'hémicycle est voûté au moyen de six nervures prismatiques qui reposent sur des petits pilastres cannelés couronnés par des chapiteaux composites. L'arc en cintre surbaissé qui l'encadre est soutenu par des pilastres flanqués de colonnettes, et l'on remarque au centre de chaque branche d'ogives un médaillon en forme de losange. Cette partie du chœur est éclairée par cinq fenêtres, dont le meneau central est surmonté d'un oculus. L'une d'elles renferme un vitrail du xvie siècle qui représente le Calvaire avec saint Jean et la Sainte-Vierge au pied de la croix. Le sanctuaire de l'église de Triel présente des dispositions très originales. Contemporain du règne d'Henri II, il était certainement terminé en 1554, puisque cette date est inscrite sur l'un des vitraux du déambulatoire. On ignore malheureusement le nom de l'architecte qui en a conçu le plan, mais le caractère général de toute la construction prouve que c'était un véritable maître dans l'art de bâtir.

Le déambulatoire porte l'empreinte de deux styles bien différents. Du côté nord, ses deux premières travées appartiennent au xiiie siècle, comme celles de la partie droite du chœur. Elles sont recouvertes de voûtes sur croisée d'ogives et leur mur extérieur a été détruit pour établir une communication facile avec une large chapelle bâtie à la fin du xve siècle. Cette chapelle, dont les voûtes à nervures prismatiques s'appuient sur deux hautes colonnes isolées et sur des culs-de-lampe, est divisée en deux parties par un mur moderne qui englobe l'ancienne sacristie. Du côté méridional, les premières travées du déambulatoire sont également voûtées par des croisées d'ogives du xiiie siècle. On a exécuté dans cette galerie au xve siècle un remaniement analogue à celui que nous venons de signaler, en supprimant le mur de clôture pour donner accès dans une chapelle construite sur le même modèle que les chapelles latérales du bas-côté sud. Dans cette partie de l'église, les deux travées du déambulatoire du xiiie siècle se raccordent directement avec celles qui ont été établies au xvie siècle, autour du sanctuaire, mais il n'en est pas de même au nord parce que le centre de la nouvelle construction ne coïncide pas avec l'axe du chœur primitif. Il en résulte que la partie circulaire du déambulatoire vient aboutir dans la grande chapelle du xve siècle adossée de ce côté au mur de l'église, au lieu de se trouver dans le prolongement de la galerie du xiiie siècle. Pour pouvoir conserver les voûtes de la chapelle et de la seconde travée du déambulatoire ; l'architecte du xvie siècle a été obligé de faire reposer leurs nervures sur des consoles incrustées dans le fût des colonnes de la première pile du sanctuaire.

La partie du déambulatoire reconstruite au xvie siècle s'ouvre entre deux grosses colonnes qui supportent un arc en cintre surbaissé, et elle est surmontée de voûtes sur croisée d'ogives. Les nervures de ces voûtes s'appuient d'un côté sur les colonnes isolées du chevet, et de l'autre sur des colonnettes qui sont séparées par un pilastre cannelé destiné à soutenir les doubleaux intermédiaires. C'est une disposition qui se retrouve également dans les collatéraux des églises de Saint-Eustache à Paris et de Saint-Maclou de Pontoise. Les trois chapelles rayonnantes, encadrées par des arcs en anse de panier, sont formées de deux murs qui se rencontrent à angle droit. Leur plan présente donc une analogie complète avec celui d'un triangle, ce qui produit un effet plus bizarre que gracieux. Chacune d'elles est recouverte d'une voûte soutenue par une seule branche d'ogives et décorée de coquilles sculptées en relief sur la pierre au milieu de fleurs épanouies. Tous les chapiteaux des pilastres et des colonnettes sont ornés de volutes ou de feuilles d'acanthe. Les fenêtres du déambulatoire sont garnies de meneaux réunis les uns aux autres par des

petits arcs cintrés ; leur archivolte est légèrement surbais-
sée, et la partie supérieure du remplage se compose de
rosaces allongées en forme d'ellipse.

Si le déambulatoire mérite d'attirer l'attention des
archéologues à cause de son architecture, la belle série
de vitraux qu'il renferme n'est pas moins intéressante à
examiner. En commençant l'étude de ces verrières, par la
galerie du nord, on rencontre tout d'abord dans la chapelle du xv⁰ siècle, un vitrail de la Renaissance, sur lequel
on peut encore déchiffrer les mots suivants, écrits en caractères gothiques « *en l'an mille cinq cent* ». La fenêtre,
englobée dans l'ancienne sacristie, contient un débris de
vitrail de la même époque, qui représente la Trinité. Celle
qui se trouve à l'entrée de la partie circulaire du déambulatoire est garnie d'un arbre de Jessé, peint sur un ma-
gnifique fond bleu ; c'est une œuvre contemporaine du
milieu du xvi⁰ siècle. Le vieux Jessé est endormi sur un lit
de parade et les douze rois, vêtus avec une grande richesse,
sont assis sur les branches de l'arbre qui sort de sa
poitrine. La vivacité du coloris de toute la verrière est très
remarquable, mais il est fâcheux que la pose des per-
sonnages soit un peu maniérée. Ce groupe est complété
par deux prophètes, qui tiennent dans leurs mains des
phylactères avec ces devises :

EGREDIETVR VIRGA DE RADICE IESSE ESAIE

ORIETVR STELLA EX IACOB

La verrière suivante, porte la date de 1557. Elle a été
donnée à l'église de Triel, par un marchand de Meulan,
nommé Thomas Mercier, ainsi que le constate l'inscription dont nous donnons le texte :

Thomas Mersier marchant
dem au fort de Meullent a
done cete vitre lan mil cinq
cens lvii pries dieu pour les
trespasses.

La partie inférieure du vitrail est occupée par la scène
du martyre de saint Sébastien, dont le corps est percé de
flèches par deux archers. On distingue, dans les panneaux
supérieurs, saint Roch guéri par un ange et accompagné
de son chien, saint Martin coupant son manteau pour en
donner la moitié à un pauvre, et saint Nicolas, ressusci-
tant trois enfants qui sortent d'une cuve. Le dessin de
cette verrière est d'une grande pureté de lignes, et celui
qui en a exécuté la composition devait être un véritable
artiste.

La petite chapelle rayonnante voisine est ornée de deux
vitraux également bien conservés. Le premier, qui n'est
pas daté, mais qui doit être contemporain du précédent,
a été offert à l'église par Mathurin Le Bailli et sa femme,
comme le prouve un fragment d'inscription gothique. Il
représente divers épisodes de la vie de saint Nicolas. On
y voit le saint recevant le baptême et frappant à la porte
d'un malade au-dessus du quatrain suivant :

> Sainct Nicolas vray serviteur de dieu
> d'honnestes gēs aymās et craignās dieu
> consacré fut evesque de myrhée
> a so troppeau moſtra choſe aprouvée

A côté de cette dernière scène, saint Nicolas sauve par
ses prières un bateau en détresse. Dans la partie supérieure
du vitrail, il chasse du corps d'une femme un démon qui
disparaît au milieu d'un nuage de fumée, et il baptise lui-
même ses parents, comme l'indiquent ces quatre vers :

> Après qu'il euſt receu bateſme
> qui les fiſt par ſon proueſme
> feiſt tant que père et mère
> recevoir de bateſme le caractħer

Les panneaux de cette verrière ont dû subir une transposition, car les scènes ne se suivent pas dans un ordre régulier. On aperçoit dans le vitrail que nous allons décrire, un groupe formé de saint Nicolas et des trois enfants ressuscités, qui en a certainement fait partie.

La seconde verrière de la chapelle, qui porte la date de 1554, se fait remarquer par l'éclat de son coloris. Elle retrace l'histoire des trois pèlerins accusés de vol par une perfide servante et sauvés par l'intervention de saint Jacques. C'est un sujet très original, emprunté à la Légende dorée, qui a fourni tant d'inspirations aux artistes du moyen âge. On voit tout d'abord une servante occupée à cacher dans un sac une tasse d'argent tandis que les trois pèlerins sont profondément endormis. La légende suivante donne l'explication de la scène :

Comēt la chãbrière par nuyt ainſy que
Les pèlerins dormoient miſt une tace
D'argent en la malette du filʒ car il
N'avoit pas voulu faire ſa volunté.

Le second panneau représente les trois pèlerins poursuivis par des cavaliers qui découvrent la tasse dans le sac de l'un d'eux :

Come les peleris furent pourſuyvis
Et la tace trouvée en la malette du
Filʒ dont n'en ſcavoit rien par quoy fut
Prins par ſergens et amené à juſtice.

On voit ensuite le bourreau qui attache l'accusé à une potence au moment où saint Jacques va le délivrer ?

Coment le iuge de la ville où ce avoit
Esté faict condempna le filʒ à estre pēdu
Au gibet mais monſigneur ſainct
Jacques le preſerva de mourir.

Comme le juge, qui a prononcé la condamnation, ne veut pas croire au miracle, saint Jacques, pour le convaincre de l'innocence du pèlerin, rend la vie à un coq qui rôtissait dans une cheminée.

Coment le iuge refpodit que il n'eftoit pas
Poffible que leur filz euft vie non
Plus que ung coq qu'il faifoit rotir lequel
Incontinet fortit de la broche et chanta.

Il convient de signaler également au-dessus de cette curieuse verrière, une peinture du xvii° siècle représentant le Christ en croix, entouré de saint Jean, de la Vierge, de saint Pierre et de saint Paul.

Les vitraux de la chapelle rayonnante centrale sont complètement modernes, mais ceux de la chapelle qui lui fait suite, appartiennent à la seconde moitié du xvi° siècle. La première de ces deux verrières reproduit la scène de la Transfiguration. Le Christ, environné de rayons étincelants, en occupe le centre, et Dieu le Père le contemple avec amour en déroulant un phylactère garni de cette inscription :

Hic eft filius dilectus in quo.....

On distingue au milieu des nuages, les figures de Moïse et d'Elie : dans la partie inférieure, les trois apôtres, Pierre, Jacques et Jean son frère, regardent le prodige qui vient de s'accomplir sous leurs yeux. Saint Pierre tient dans ses mains un phylactère sur lequel on peut lire les paroles rapportées dans l'Evangile :

Domine bonu eft nos hic effe. Si vis faciamus hic
tria tabernacula tibi unu Moifi unu et Elie unu.

L'autre vitrail a été complètement restauré. Il représente saint Jean-Baptiste, baptisant le Christ dans l'eau du Jourdain (1) et la scène de la décollation du saint devant Hérodiade qui s'apprête à recevoir la tête du martyr sur un large plat.

La grande fenêtre voisine a été garnie d'une verrière, au milieu du xvie siècle, grâce aux généreuses offrandes des habitants de Cheverchemont, hameau dépendant de la paroisse de Triel, comme nous l'apprend l'inscription suivante :

Les abitans de Chever/
chemont ont faict cet
victre icy poser
dieu les gard de e/
ternelle angoisse les
foisant avecques luy
reposer.

Le sujet principal de ce vitrail est l'ensevelissement de la Vierge par les apôtres. On aperçoit plus haut la mère du Christ couronnée dans le ciel par les trois personnes divines. Enfin la chapelle du xve siècle qui s'élève à l'entrée de la galerie méridionale du déambulatoire renferme deux verrières modernes et un beau vitrail du xvie siècle où l'artiste a figuré le repas de Jésus chez Simon le lépreux. Le Christ est assis à une table dressée sous un riche portique : saint Jean se tient à sa droite et les autres apôtres sont rangés autour de lui, tandis que Madeleine répand des parfums sur les pieds du Sauveur. Deux petits anges, placés dans les soufflets du remplage, enlèvent au ciel la croix et la colonne de la flagellation.

Tous les vitraux dont nous venons de parler forment

(1) Au dessus de la tête du Christ, les paroles suivantes sont inscrites sur un phylactère :

TV ES FILIVS MEVS DILECTVS IN TE COMPLACVI.

un ensemble très remarquable. L'époque où ils furent posés ne peut faire l'objet d'aucun doute, mais on ignore malheureusement le nom de l'artiste qui les a exécutés. Dans son ouvrage sur la Renaissance en France, M. Léon Palustre n'a pas hésité à les attribuer au peintre verrier Jean Le Prince, qui vivait au milieu du xvi° siècle. Cette opinion nous semble beaucoup trop générale, car il suffit d'examiner de près ces verrières pour reconnaître qu'elles ne sont pas toutes l'œuvre du même artiste. Celles qui se trouvent dans la partie méridionale du déambulatoire, sont évidemment inférieures à celles de la galerie du nord et ne peuvent pas être de la même main que les autres. Si Jean Le Prince, dont le talent était particulièrement renommé, est l'auteur de quelques-unes de ces belles compositions, on ne peut guère lui attribuer que le vitrail des pèlerins de saint Jacques, celui du martyre de saint Sébastien et surtout celui de l'arbre de Jessé qui présente certaines analogies avec une verrière bien connue, peinte par son père, Engrand Le Prince, pour orner le chevet de l'église Saint-Étienne de Beauvais. En l'absence de toute espèce de signature pouvant éclaircir une question aussi délicate, cette supposition ne doit pas être considérée comme un fait indiscutable.

Il nous reste à décrire l'extérieur de l'église. La façade, qui a dû être bâtie en même temps que la nef, présente tous les caractères de l'architecture du xiii° siècle. Épaulée par quatre contreforts assez remaniés, elle est occupée au centre par un portail dont l'archivolte en tiers-point, garnie de deux tores et de plusieurs gorges, repose sur quatre colonnes engagées. Le tympan, entièrement nu, est soutenu par deux consoles ornées de feuillages. Les chapiteaux des colonnes sont revêtus de crochets et tout le soubassement a été refait maladroitement à l'époque moderne. Au dessus du portail, entre deux colonnettes, s'ouvre une grande fenêtre du xiv° siècle divisée par trois meneaux et surmontée de trois rosaces dépourvues de lobes. On remarque dans chacune des parties latérales une baie en tiers-point simplement ébrasée.

Du côté du nord, la nef est épaulée par des arcs-boutants du xv⁰ siècle en très mauvais état, qui s'appuient sur des contreforts couronnés de pinacles de la même époque. Les pieds droits des fenêtres qui éclairent le bas-côté ont été retaillés au xv⁰ siècle, et deux d'entre elles sont garnies de deux petits arcs trilobés soutenus par un meneau central. Une balustrade formée de petites arcatures aiguës se trouvait autrefois placée au dessus du chéneau, car on en aperçoit encore quelques débris. Sur la face méridionale, la nef a conservé ses arcs-boutants primitifs, et les baies des chapelles latérales présentent toute une série de remplages flamboyants. Elles sont séparées les unes des autres par des contreforts du xv⁰ siècle ornés de pinacles et de gargouilles. La corniche du bas-côté est très endommagée et toute cette partie de l'église est complètement dégradée. Les pierres, rongées par l'humidité, sont presque toutes effritées. L'architecte, qui a remanié l'édifice au xv⁰ siècle, fit adosser à la travée voisine de la façade, un porche fort élégant. Ce porche était recouvert d'une voûte sur croisée d'ogives qui s'est écroulée. On y pénétrait par deux arcades en tiers-point, surmontées d'une balustrade. Le portail qui donne accès dans l'intérieur de l'église, est encadré par un cordon de feuilles de mauve frisée. Son tympan est décoré d'une couronne de rayons, et les deux arcs surbaissés qui le soutiennent retombent sur un cul-de-lampe du xvi⁰ siècle. Les panneaux de la porte, couverts de médaillons et d'arabesques, ont été sculptés à l'époque de la Renaissance.

Le transept a subi de nombreux remaniements à l'extérieur. Le croisillon du nord, dont les murs sont presqu'entièrement enduits de plâtre, est flanqué d'une tourelle d'escalier du xiii⁰ siècle, terminée par une petite flèche octogonale en pierre. La chapelle du xve siècle, où l'on a récemment installé la sacristie, n'a conservé qu'une seule baie ancienne; la seconde fenêtre a été refaite il y a quelques années. Le croisillon méridional est couronné par un pignon orné de pinacles, de crochets et d'une corniche finement sculptée. La partie centrale du chevet est occupée par une grande fenêtre flamboyante que nous avons déjà décrite à l'intérieur. La petite porte latérale, percée dans les assises inférieures du mur a été établie au xve siècle : son archivolte en cintre surbaissé s'appuie sur deux chimères. Le clocher qui s'élève sur le carré du transept est complètement moderne ; c'est une affreuse tour en maçonnerie qui occupe l'emplacement du clocher primitif.

L'abside, reconstruite au xvie siècle, est épaulée par une série de contreforts flanqués de gargouilles. La corniche supérieure se compose d'une balustrade soutenue par des modillons : deux bandeaux ornés de moulures contournent tout le sanctuaire. Les deux grandes fenêtres de la partie droite du chœur sont formées de six rosaces accouplées et celles du chevet sont divisées par des meneaux surmontés de petits oculi. Le mur du déambulatoire est couronné par une balustrade ajourée qui repose sur une corniche garnie de triglyphes. Les deux chapelles bâties au xve siècle à l'entrée du chœur, sont éclairées par des fenêtres de style flamboyant dont les meneaux ont été restaurés; le remplage de la baie percée dans l'ancienne sacristie est coupé au niveau du point de départ de l'archivolte.

Comme l'agrandissement du chœur au xvie siècle devait entraîner la suppression d'une rue qui faisait communiquer la partie haute et la partie basse de la ville, l'architecte a eu l'ingénieuse idée d'établir, au-dessous du sanctuaire, un passage recouvert d'une voûte en berceau. Le souterrain est assez large pour que les voitures puissent le traverser. A chacune de ses extrémités, une porte donne accès dans une crypte qui s'étend sous le chevet de l'église. Cette crypte fut bâtie au milieu du xvie siècle en même temps que l'abside, pour racheter la différence de niveau entre le terrain naturel et le pavé du chœur. Elle se compose d'un réduit central voûté en berceau et d'une galerie qui le contourne. La galerie décrit un demi-cercle au dessous du déambulatoire de l'église et les clefs des voûtes sur croisée d'ogives qui la surmontent sont garnies de feuillages très délicats. La crypte est éclairée par plusieurs petites baies en plein cintre et son réduit central est entouré d'un gros mur destiné à soutenir les colonnes du sanctuaire.

L'église de Triel ne renferme qu'une seule inscription parce que son dallage a été entièrement renouvelé. Cette inscription appliquée sur l'un des piliers du chœur est ainsi conçue :

LA PIÉTÉ FILIALE

A LA MEMOIRE

DE ETIENNE POMPÉE SEVIN,

NE A VAUX, PRÉS MEULAN,

LE 24 JANVIER 1734,

DECEDÉ A TRIEL,

LE 30 JUILLET 1796,

ET DE

VICTOIRE-ANNE

CLEMENTINE ROUTIER

SON ÉPOUSE,

NÉE A MADRID (ESPAGNE),

LE 23 NOVEMBRE 1746,

DÉCEDÉE A PARIS,

LE 27 MAI 1823,

PRIEZ POUR EUX.

De profundis.

La cloche de l'église a été fondue en 1706. Elle a eu pour marraine Charlotte-Élisabeth de Bavière, plus connue sous le nom de la princesse Palatine, femme de Monsieur, frère de Louis XIV, et pour parrain, son fils, Philippe d'Orléans, qui devait devenir quelques années plus tard le Régent. Voici le texte de son inscription :

L'AN 1706 J'AY ETE BENITE PAR MESSIRE JEAN DESALEVX, PRESTRE ET DOCTEVR DE SORBONNE CVRÉ DE CETTE PAROISSE SAINT MARTIN DE TRIEL ET NOMMEE ELIZABET CHARLOTTE PHILIPPE PAR TRES HAVTE PVISSANTE ET TRES EXCELLENTE PRINCESSE MADAME ELIZABET CHARLOTTE PALATINE D'ORLEANS ET TRES HAUT TRES PVISSANT ET TRES EXCELLENT PRINCE PHILIPPE PETIT FILS DE FRANCE DVC D'ORLEANS DE VALOIS DE CHARTRES ET DE NEMOVRS.

L'église de Triel est, sans aucun doute, l'édifice religieux le plus remarquable de la vallée de la Seine, entre Mantes et Poissy. On peut dire qu'elle présente un spécimen de l'architecture de tous les siècles du 'moyenâge. Bâtie dans la première moitié du xiii° siècle, elle a été remaniée dès le xiv° siècle, car toutes ses voûtes supérieures furent reconstruites à cette époque. Elle fut l'objet de travaux plus importants au xv° siècle, puisqu'on éleva de nombreuses chapelles latérales le long de ses bas-côtés. Enfin, vers le milieu du xvi° siècle, son chœur primitif fut remplacé par un sanctuaire beaucoup plus vaste. Le style de sa nef, les curieuses dispositions de son chœur et la valeur artistique de ses vitraux ont appelé depuis longtemps sur elle l'attention de la Commission des monuments historiques, mais sa restauration n'a pas encore été entreprise. Comme la nef, les bas-côtés et le transept menacent ruine, il faudra tôt ou tard se décider à les démolir en grande partie pour les relever sur le même plan : le chevet du monument pourra seul être conservé intact. C'est ce qui nous a engagé à décrire l'église de Triel dans l'état où elle se trouve encore aujourd'hui.

VERSAILLES. — IMPRIMERIE CERF ET FILS, 59, RUE DUPLESSIS.